¿QUIÉN SOY?

Soy fuerte y rayado, veloz y fiero.
Vivo en la jungla.

¿QUIÉN SOY?

Por Moira Butterfield
Ilustraciones de Wayne Ford

EDITORIAL ESIN, S.A.

Editado por primera vez en Gran Bretaña en 1996
por Belitha Press Ltd.

Caspe, 79
08013 Barcelona
Tel. 232 37 13

Traducción: BioPunt
ISBN: 84-7864-270-6

Impreso en Hong Kong

Soy peludo, grande y fuerte.
Mis dientes son afilados.
Mi cola es larga.
Mi piel tiene rayas.
Mis ojos son brillantes.
Por la noche, soy cazador.

¿Quién soy?

Éstos son mis ojos

Veo muy bien en la
oscuridad, por eso voy a
cazar de noche.
¿Puedes ver mis ojos
dorados, brillando?

Por la noche me deslizo
entre los árboles,
en busca de animales
para comer.
Puedo ver un jabalí
y un ciervo.
¿Los ves tú también?

Aquí tienes mis dientes

Mis dientes son
afilados como
cuchillos de cocina.
Los más largos y
afilados están delante.
¿Los ves?

Cuando veo un
animal sabroso, lo
persigo y salto
encima de su lomo.
Luego, lo mato con
mis dientes afilados.

Mira mis garras

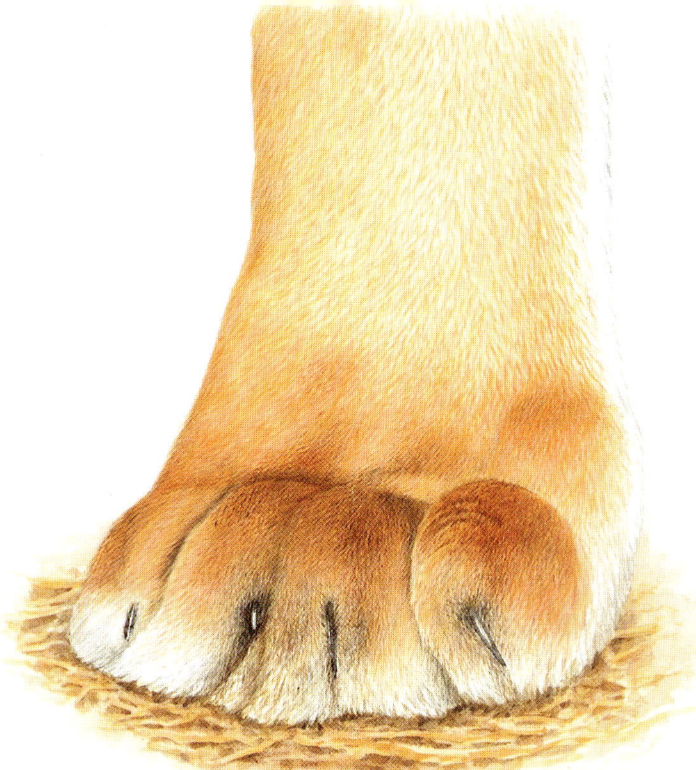

Puedo llevar las garras
escondidas dentro de
mis dedos,
grandes y peludos,
o bien sacarlas afuera.
Son puntiagudas
como alfileres.

Tengo cuatro zarpas.
Por debajo, son suaves
y blandas como
almohadillas.
Así puedo andar muy,
muy silenciosamente.

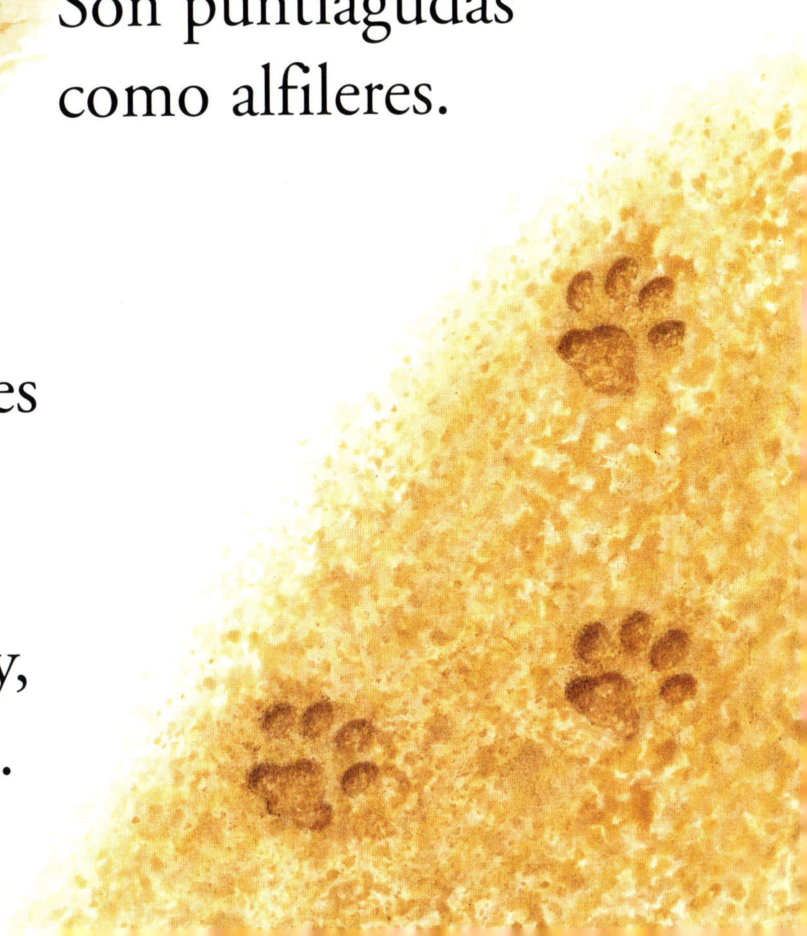

Éste es mi pelaje.

Es de color naranja, con rayas negras. Así no es fácil verme cuando me deslizo entre los matorrales.

Durante el día hace demasiado calor para cazar. Entonces me tiendo a dormir en la hierba, que es alta y fresca.

Ahora mira mis orejas

Puedo oírlo todo. Hasta a este mono que hace acrobacias en los árboles, sobre mi cabeza.

Si el mono me ve, hará mucho ruido, para advertir a sus compañeros de que ando cerca.

Veamos mi lengua

¡Mira qué larga es!
Es rugosa y áspera.
Cada día me limpio
toda la piel a
lametones.

Utilizo la lengua para
beber agua del río.
¡Hay que tener
cuidado con los
cocodrilos!
¿Ves ahí alguno?

Aquí está mi cola

Cuando esté enfadado, lo sabrás porque agito la cola de un lado para otro, y mis bigotes se levantan y se ponen tiesos.

Entonces abro la boca y...

¡rujo!

¿Sabes ya quién soy?

Soy un tigre

Señala:

los ojos dorados

las orejas
puntiagudas

la piel
rayada

zarpas
almohadilladas

los bigotes blancos

mi larga
cola

Me llaman
tigre de
Bengala.

Te presento mis cachorros

Yo soy su madre
y están conmigo.
Los cuido hasta
que son grandes
y fuertes.

A mis cachorros les
gusta jugar.
Éste que ves ahí
persigue una mariposa.
Un día mis cachorros
serán capaces de cazar
como yo.

Ésta es mi casa

Vivo en la jungla y en sus alrededores.

Búscame en el dibujo.
¿Ves también dos monos pequeños, tres ciervos, una serpiente y un elefante?

Aquí tenemos un mapa del mundo

Vivo en un país
muy caluroso
que se llama India.
¿Puedes verlo en
el mapa?

Y tú, ¿puedes
señalar dónde
vives?

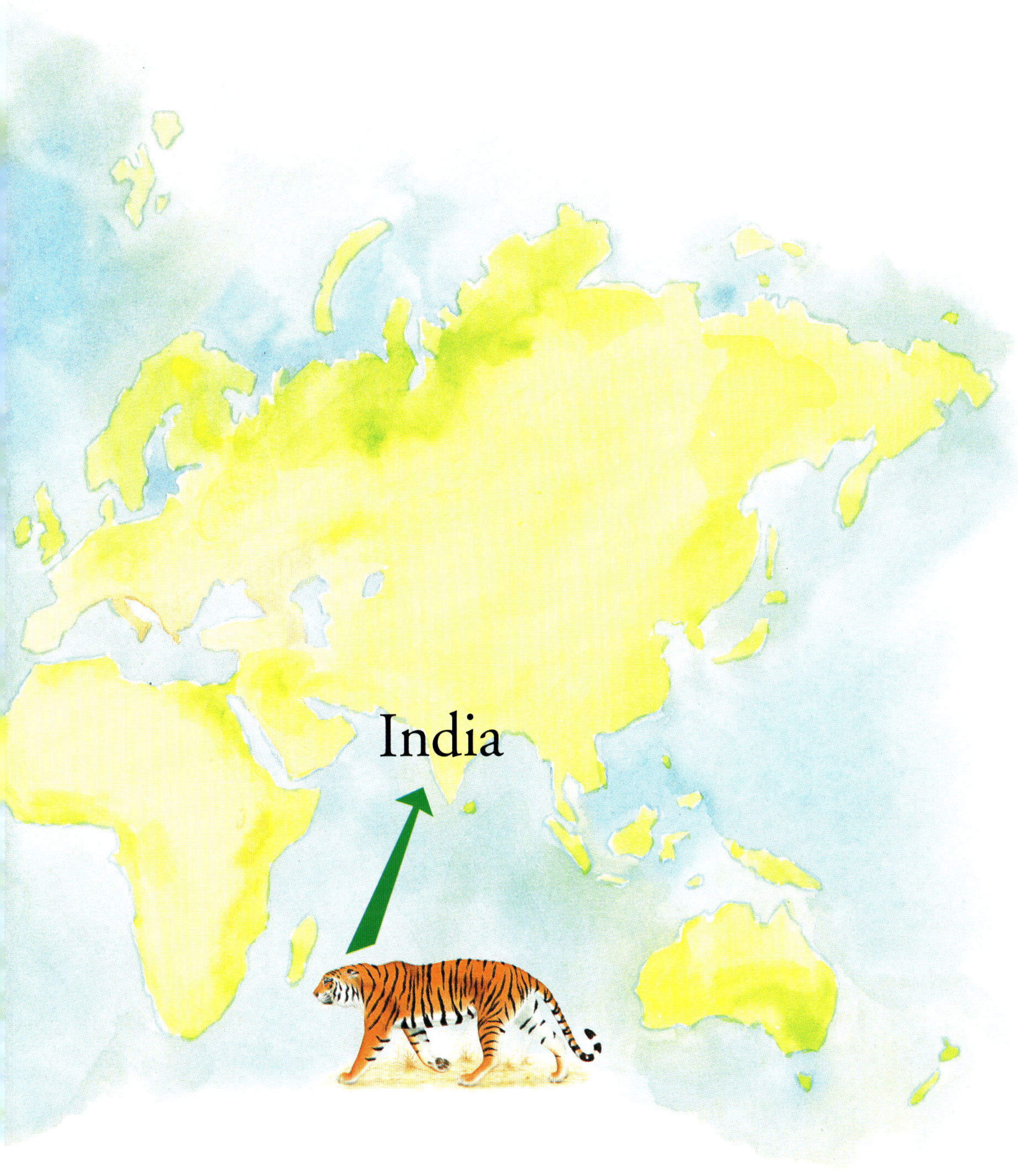
India

¿Puedes responder estas preguntas acerca de mí?

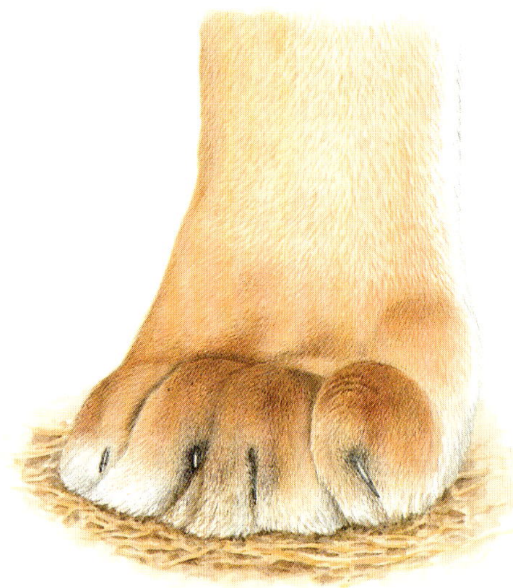

¿Cuántas zarpas tengo?

¿Dónde vivo?

¿Me gusta comer carne?

¿Voy a cazar de día o de noche?

¿Qué clase de ruido hago cuando me enfado?

¿Dónde me gusta dormir, cuando hace demasiado calor?

Mis dientes, ¿son afilados?

¿De qué color es mi pelaje?

¿Veo bien en la oscuridad?

¿Cómo hago para mantener limpio mi pelaje?

Aquí tienes algunas palabras para conocerme mejor

bigotes Los finos pelos que salen de mis mejillas. Se ponen tiesos cuando me enfado.

dientes Uso mis afilados dientes para desgarrar la carne y para masticar. Mis dientes son mucho más grandes y afilados que los tuyos.

garras Mis uñas son afiladas y puntiagudas. Están curvadas, y pueden arañar y desgarrar la carne.

lengua La uso para lamerme y para beber. La mía es mucho más larga y rugosa que la tuya.

pelaje Mi piel, suave y cálida. Es de color naranja, con rayas de color negro.

rugido El fuerte ruido que soy capaz de hacer. ¿Puedes tú rugir como lo hago yo?

zarpas Mis manos y pies, con afiladas garras. Debajo tienen almohadillas, que me permiten andar muy silenciosamente.